NICOLE ESTHER LIWON

Kreuzstich Weihnachtsmotive

NICOLE ESTHER LIWON

Kreuzstich
Weihnachtsmotive

Mit Zählmustern in Farbe

AUGUSTUS VERLAG

Inhalt

Vorwort

Eigentlich sollte die Vorweihnachtszeit eine Zeit der Ruhe und Besinnung sein. Doch von Jahr zu Jahr scheint sie hektischer zu werden: Wir hetzen uns ab auf der Suche nach Geschenken und schaffen es kaum, alles Nötige rechtzeitig vor den Festtagen zu erledigen.

Entfliehen Sie diesem vorweihnachtlichen Streß doch einmal! Wenn Sie für Ihre Familie und für enge Freunde kleine Geschenke selbst sticken, werden Sie den Beschenkten nicht nur große Freude bereiten, sondern können beim Sticken auch zur Ruhe kommen. Vielleicht findet sich ja eine kleine Gruppe zusammen, die gemeinsam die Krippe oder andere Objekte aus diesem Buch stickt?

Ich wünsche Ihnen viel Freude beim Nacharbeiten.

Mein besonderer Dank gilt meinem Mann Dieter und meiner Freundin Ingrid.

Nicole Esther Liwon

Material

Der Stickgrund

Für die meisten Stickarbeiten habe ich sogenannten Zählstoff verwendet, den man im Fachhandel in verschiedenen Qualitäten, Breiten und Farben erhält (z.B. *Bellana, Davosa* oder *Linda* von *Zweigart*); alternativ eignet sich auch gleichmäßig gewebtes Leinen. Je nach Webdichte des Stoffs wird das Motiv größer oder kleiner. Achten Sie beim Kauf auf die Angabe »Stichzahl pro Zentimeter«. Bänder mit dekorativen Webkanten bekommt man bereits fertig in verschiedenen Farben und Breiten.

Stramin benötigen Sie für das Sticken auf bereits fertigen Kleidungs- oder Wäschestücken und bei Materialien, bei denen das Gewebe keine konkrete Stickstruktur aufweist, wie z.B. bei der Samtweste und den Samtschuhen (siehe Seite 26/27). Je nach Stoffbeschaffenheit müssen Sie den Stramin vor dem Sticken mit großen Heftstichen auf Ihrem Arbeitsstück befestigen, oder Sie halten den Stramin für die ersten fünf oder sechs Stiche fest, dann ist er genügend fixiert. Nach Beendigung der Stickarbeit wird das Stramingewebe unter der Stickerei angefeuchtet und Faden für Faden mit einer Pinzette vorsichtig herausgezogen. Stramin erhält man im Fachhandel in verschiedenen Stärken, je nach gewünschter Stichgröße.

Garn

Alle vorliegenden Arbeiten habe ich mit *Anchor*-Sticktwist von *Coats Mez* angefertigt.

Dieses Garn eignet sich hervorragend für alle Stickarbeiten, weil es zum einen eine sehr große Farbauswahl bietet und zum anderen ein Spaltgarn ist, d.h. ein mehrfädiges Garn, dessen Stärke Sie selbst bestimmen können, und zwar abhängig von

– der gewählten Stoffart: je dicker und dunkler der Stoff, desto stärker das Garn;
– dem Motiv: je zarter das Motiv, desto dünner das Garn;
– Ihrer Kreativität: Das Garn bietet Ihnen die Möglichkeit, auch innerhalb einer Stickarbeit die Garnstärke zu variieren, um dem Motiv bestimmte Schattierungen zu verleihen oder einzelne Motivteile stärker herauszuarbeiten.

Anchor-Sticktwist hat aber auch noch einen weiteren Vorteil, in dessen Genuß ich selbst schon gekommen bin:

Sie können dieses Garn fast überall kaufen, z.B. auch in Italien oder Frankreich.

Aber egal welches Garn Sie verwenden, achten Sie darauf, daß es farbecht und waschbar ist.

Obwohl *Coats Mez* laut Banderole Farbechtheit garantiert, sollten Sie bei dunklen Tönen vorsichtig sein. So läuft z.B. bei einer

60-Grad-Wäsche das Schwarz (Nr. 403) aus und verfärbt nicht nur das Stickstück. Deshalb ist es ratsam, die Garne vor Gebrauch in ein Kopfkissen gesteckt (damit sich die Fäden nicht verwirren) bei 40° C zu waschen, um spätere Enttäuschungen zu vermeiden (siehe Tips Seite 9).

Nadeln

Es gibt grundsätzlich zwei Sorten von Sticknadeln: solche mit und ohne Spitze.

Ihre Wahl hängt von dem Stoff ab, den Sie besticken wollen:

Stumpfe Nadeln:
für Zählstoffe, Arbeiten nur auf Stramin, dicke, grobe Strickwaren.

Spitze Nadeln:
für alle anderen Stoffarten, etwa für die Samtschuhe und auch andere fertige Kleidungsstücke (Mütze!).

Sie brauchen außerdem:
eine spitze, feine Schere, z.B. eine Stickschere; aber eine Nagelschere tut es auch; eine Pinzette mit geradem Abschluß zum Lösen der Straminfäden.

Auf einen Stickrahmen kann man bei Kreuzsticharbeiten meines Erachtens fast immer verzichten.

Mich hat der Stickrahmen immer bei der Arbeit gestört, außerdem verzieht der Rahmen das Gewebe oft so sehr, daß auch mehrmaliges Waschen und Dampfbügeln diese Unregelmäßigkeiten nicht mehr korrigieren können.

Technik

Die in diesem Buch verwendeten Stich-Arten sind äußerst einfach zu erarbeiten und deshalb auch und gerade für Kinder leicht zu erlernen. Kleine Arbeiten könnten Sie auch gemeinsam mit Ihren Kindern nachsticken (z.B. einzelne Adventskalendermotive).

Der Kreuzstich

Beim Kreuzstich kommt es weniger auf Geschicklichkeit als vielmehr auf Geduld und Genauigkeit beim Auszählen des Zählstoffes und der Mustervorlage an.

Der Kreuzstich besteht aus zwei Stichen, dem Grund- und dem Deckstich; im allgemeinen weist der Grundstich von links unten nach rechts oben, der Deckstich von rechts unten nach links oben.

Links unten stechen Sie aus dem Gewebe heraus und rechts oben wieder hinein (Grundstich).

Sticken Sie eine Reihe, so stechen Sie direkt unter dem rechten oberen Einstich wieder heraus und wiederholen den Vorgang. Sind Sie am Ende der Reihe angekommen, stechen Sie wie vorher auch direkt unter dem Einstich wieder heraus, stechen nun aber links oben wieder ein, direkt darunter wieder heraus (Deckstich) und wiederholen dies bis zum Anfang der Reihe. In diagonalen Reihen wird jeder Stich einzeln fertiggestellt.

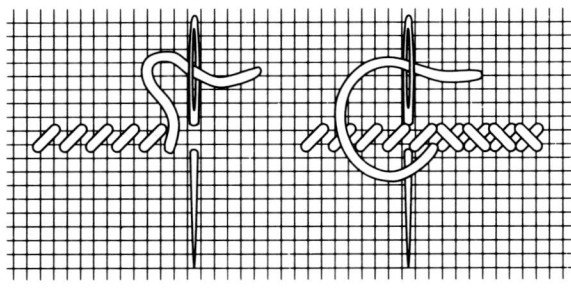

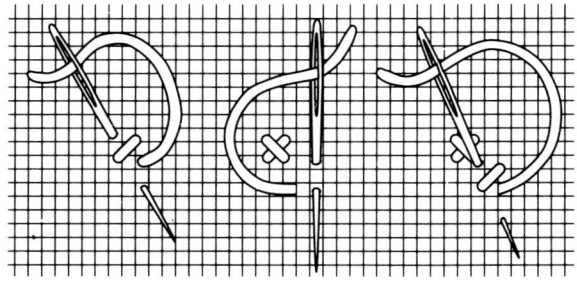

Der Rückstich

Der zweite Stich, den wir für die gezeigten Motive benötigen, wird Rück- oder Steppstich genannt und ist im Stickbild nur als einfache Linie zu erkennen. Er eignet sich besonders gut für Konturen.

Der Name erklärt sich durch den Stickvorgang. Der sichtbare Teil des Stiches wird entgegen der eigentlichen Stickrichtung gestickt. Um die Länge eines Stiches sticht man vor dem eigentlichen Stickanfang aus dem Stoff heraus und stickt zum Anfang zurück, dann

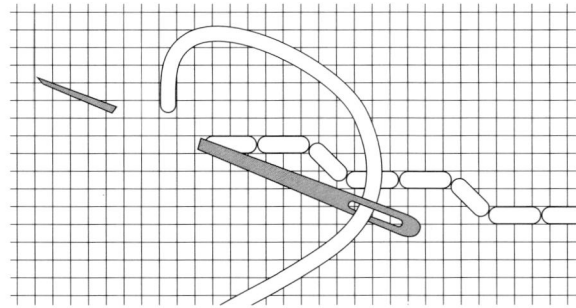

zieht man den Faden wieder um eine Stichlänge vor dem letzten Stich unter dem Stich weiter, sticht aus dem Stoff heraus und wieder zurück.

Der Margeritenstich

Diese Stichform habe ich für die Ausarbeitung von Tannenzweigen, speziell für die Tannennadeln gewählt.

Sie stechen an den angegebenen Punkten aus dem Stoff heraus und an derselben Stelle wieder hinein, ohne den Faden anzuziehen, dann stechen Sie etwa 1 bis 1,5 cm weiter in der gewünschten Richtung wieder heraus, fassen mit der Nadel die Fadenschlaufe und stechen an der Ausstichstelle wieder hinein; in gleicher Weise verfahren Sie bei allen Punkten in der Vorlage.

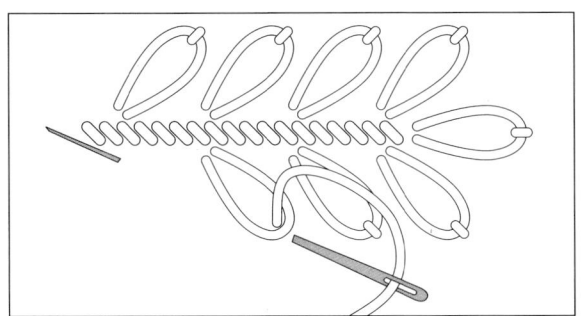

Noch ein paar Tips

● Bei Näharbeiten mit Zählstoffen, egal welcher Stärke und Qualität, müssen die zugeschnittenen Teile vor dem Zusammennähen erst im Zick-Zack-Stich versäubert werden.

● Bei gefütterten Objekten können Sie die zugeschnittenen Teile gleich mit dem zugehörigen Futterteil zusammen versäubern.

● Wenn sich das bestickte Gewebe verzogen hat, zum Beispiel durch die Verwendung eines Stickrahmens, unterlegen Sie es mit Bastelwatte oder dünnem Schaumstoff (zum Beispiel bei Bildern). So gleichen Sie die Unebenheiten aus, und zugleich wirkt die Stickerei plastischer und tritt stärker hervor.

● Wenn Sie große Strickwaren besticken wollen, müssen Sie entweder selbst in groben Stichen arbeiten, oder Sie sticken das Muster gleich im Maschenstich.

● Wenn sich Ihr Werkstück beim Waschen verfärbt hat, entfärben Sie das Stück vorsichtig, und falls dies nicht fruchtet, so überfärben Sie das ganze Teil mit einer um einen Farbton dunkleren Stoffarbe.

● Entfernen Sie aus allen fertigen Stücken, die Sie besticken wollen, die Hersteller-Etiketten – Sie wollen doch nicht Fremde mit Ihren Federn schmücken! Und ergänzen oder entfernen Sie die Waschetiketten, denn bestickte Teile müssen vorsichtiger gewaschen werden als ursprünglich angegeben. Feineres Gewebe (z.B. die Samtweste) sollten Sie reinigen lassen. Die anderen Stücke waschen Sie am besten von Hand, höchstens aber mit 40 Grad in der Maschine.

Adventskalender

Material:
Sperrholz, 5 mm stark, 780 x 576 mm;
eventuell Sperrholzreste für einzelne Türen
(falls beim Aussägen nicht lauter perfekte
Türchen entstehen);
Stickgrund und Plakatkarton, 780 x 570 mm;
Sticktwist in den angegebenen Farben;
27 kleine Scharniere und passende Nägel;
Perlen o.ä. als Fensterknöpfe

Dieser Adventskalender bietet Arbeit für jeden in der Familie. Beim Sticken der einzelnen Motive können schon Kinder helfen, und die Holzarbeiten werden die Herren beschäftigen.

Den Bauplan für die Hausfront entnehmen Sie der Zeichnung. Wenn Sie selbst nicht mit der Laubsäge umgehen können, finden Sie bestimmt einen Schreiner, der diese Arbeit für Sie übernimmt.

Nach dem Aussägen der Türen und Fenster werden alle Teile sorgfältig geschliffen und dann mit Pinsel oder Sprühdose lackiert (Türen und Fenster müssen beidseitig lackiert werden). Nachdem Sie die Front fertiggestellt haben, können Sie entweder ein großes Sticktuch (60 x 80 cm) hinter die Front legen, mit einem Bleistift dünn die Fensterpositionen auf das Tuch übertragen und dann diese Felder mit den kleinen Motiven besticken, oder die Motive einzeln auf kleine Zählstoffteile sticken und diese dann mittels leicht lösbarem Klebstoff (Fotokleber) auf einen Plakatkarton kleben, auf den Sie vorher die Fensteröffnungen übertragen haben. Diese Vorgehensweise empfiehlt sich dann, wenn

Sie beispielsweise noch viele Zählstoffreste zu Hause haben oder wenn Sie die Motive auf verschiedenartigen Untergrund sticken wollen (farbiges Leinen). Sollten Ihre Stoffreste nicht alle der Größe der Ausschnitte entsprechen, dann lösen Sie das Problem so:

Sie nehmen noch einen zweiten Plakatkarton und schneiden mit einem Cutter Ausschnitte aus, die kleiner als die der Fenster sind. So entsteht ein Passepartout um Ihre kleinen Motive. Dann befestigen Sie diesen Karton auf dem ersten und das Ganze hinter der Front. Im nächsten Jahr können Sie Ihre Motive in einer anderen Reihenfolge auf den

Karton kleben oder das eine oder andere Motiv durch ein neues ersetzen. Sie können auch die Farbe des Kartons variieren – der Effekt wird Sie überraschen.

Mit kleinen Nägeln montieren Sie die Scharniere erst an die Fensterläden und dann an die Hausfront. Für die Fensterknöpfe habe ich kleine goldene Perlen verwendet, die man entweder mit Sekundenkleber oder mit winzigen Nägeln befestigt.

Zuletzt bringen Sie die Zierleiste oben an der Front an und malen in Sonntagsschrift mit Goldstift (z.B. *Metallic Paint Marker* von *Edding*) die Zahlen 1 bis 24 auf die Türen,

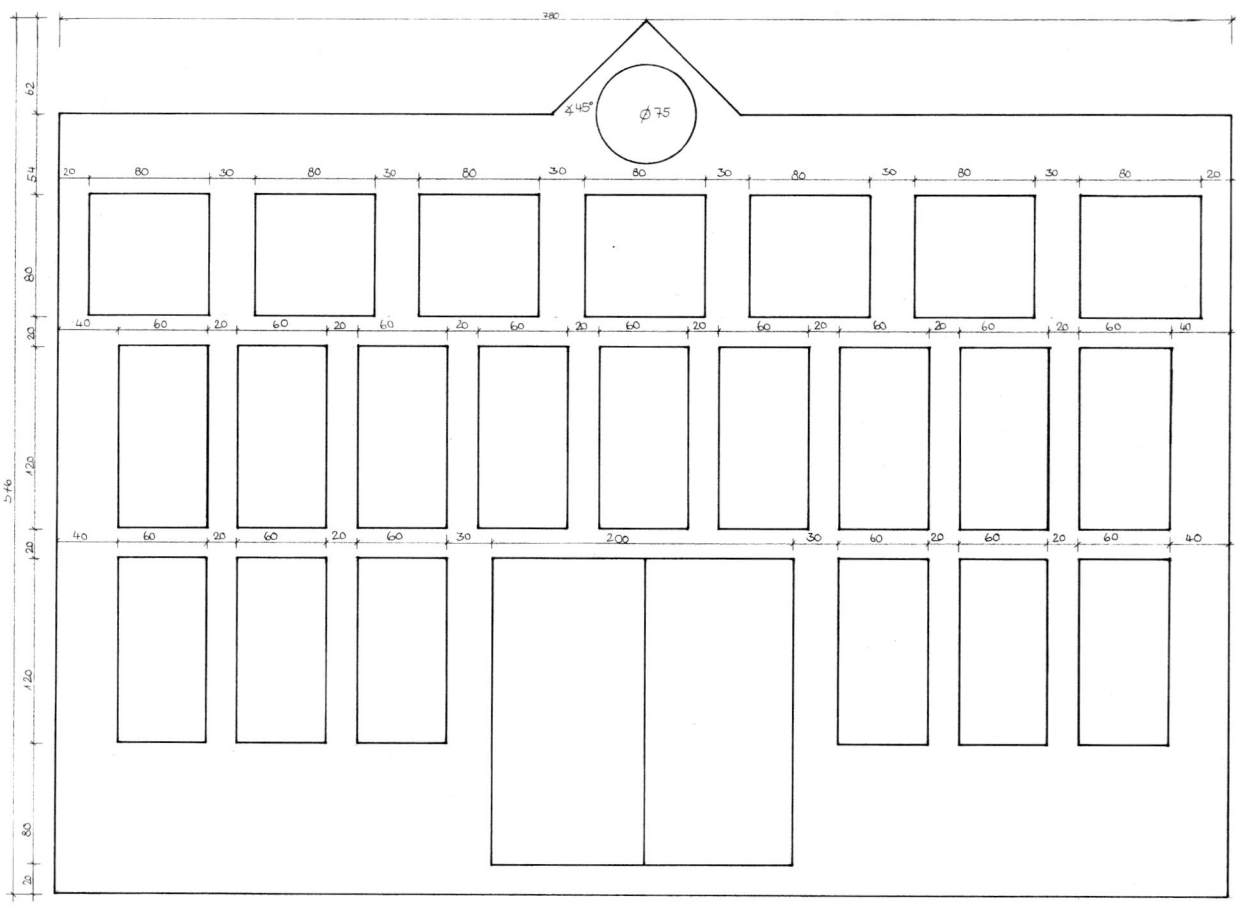

wobei außer der 24 die Verteilung Ihnen überlassen bleibt.

Wenn dann Weihnachten vorüber ist, werde ich mir einen Jungmädchentraum erfüllen und einfach den Adventskalender umdrehen, mit Winkeln seitlich Wände und zwei Bodenplatten montieren; fertig ist mein erstes Puppenhaus – oder vielleicht schon das erste Geschenk für nächstes Weihnachten.

Arbeitszeit:
Stickzeit für jedes kleine Motiv ca. 30 Minuten,
für ein großes Motiv ca. 2 Stunden
Bastelzeit: ca. 20 Stunden

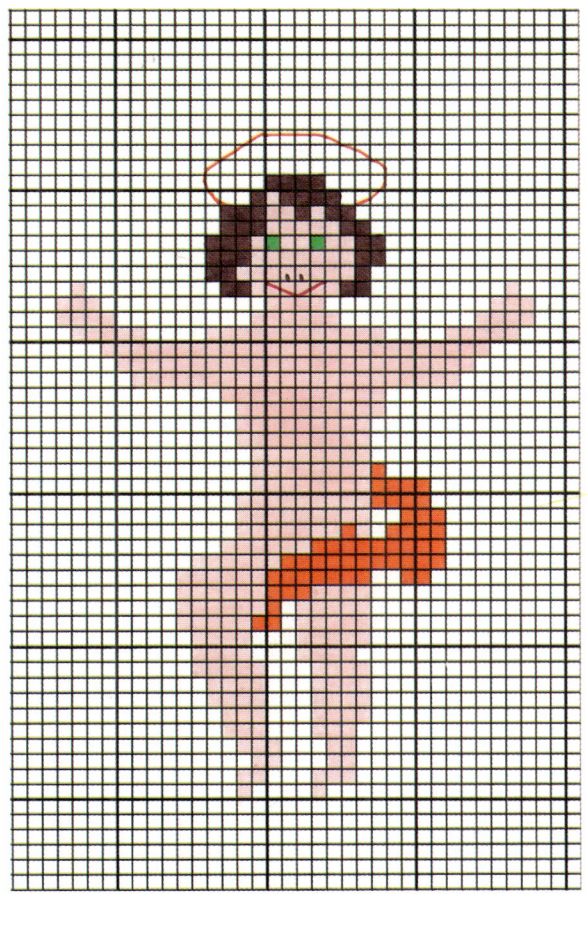

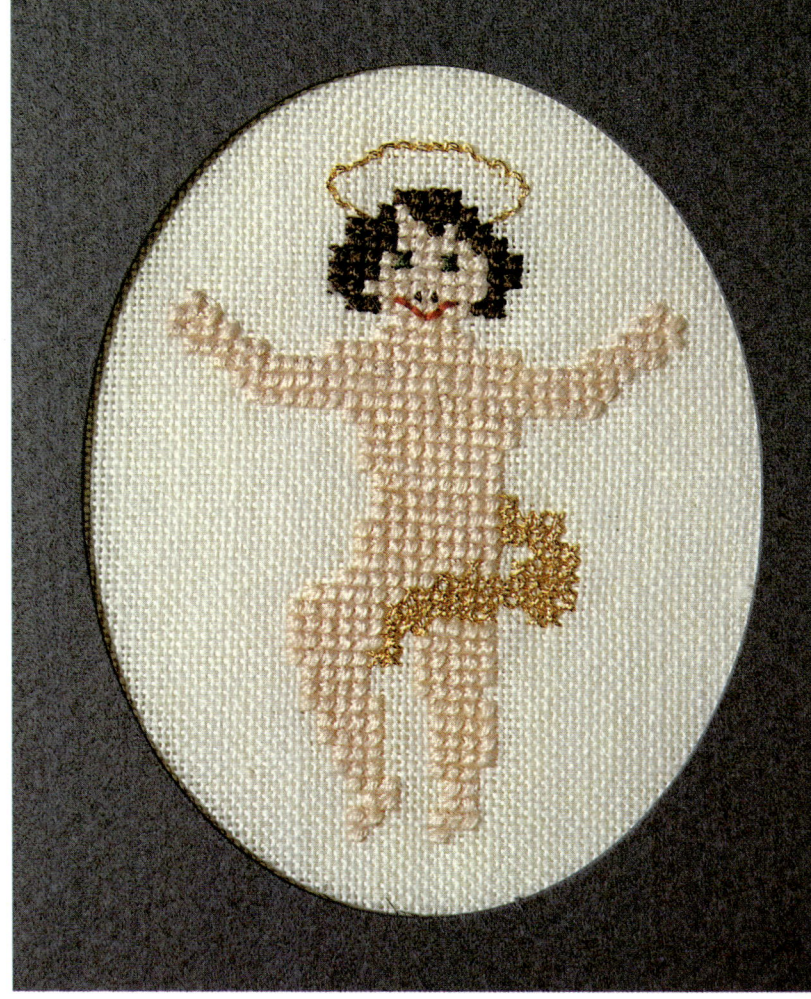

Weitere Motive für den Adventskalender finden Sie auf den Seiten 23 (Weihnachtsbaum, Nikolaus) und 28 (Schlittschuh).

Garnnummern
(Anchor-Sticktwist von Coats Mez):

- Gold
- 1012
- 47
- 683
- 380

Garnnummern
(*Anchor*-Sticktwist von *Coats Mez*):

 Gold

■ 380

Garnnummern
(*Anchor*-Sticktwist von *Coats Mez*):

Apfel		Geschenk	
■	290	■	76
■	47	■	100
■	683		
■	380		

14

Garnnummern
(Anchor-Sticktwist von Coats Mez):

☐	1
🟧	316
⬛	403

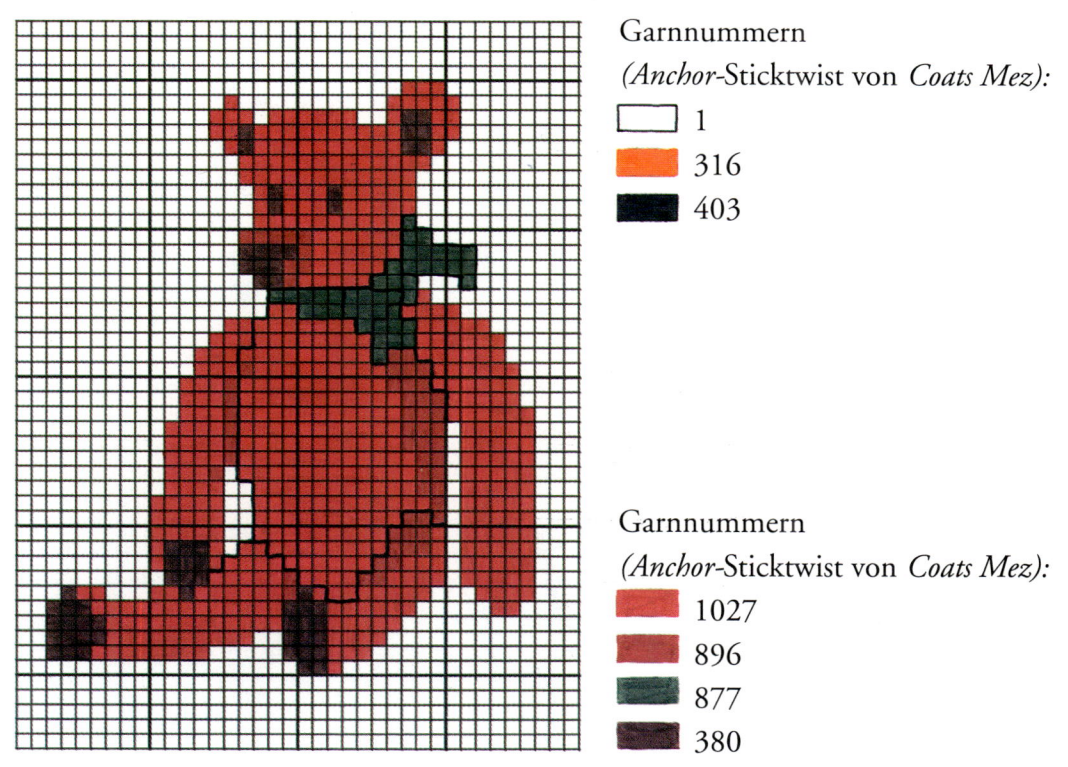

Garnnummern
(Anchor-Sticktwist von Coats Mez):

🟥	1027
🟥	896
🟩	877
🟫	380

15

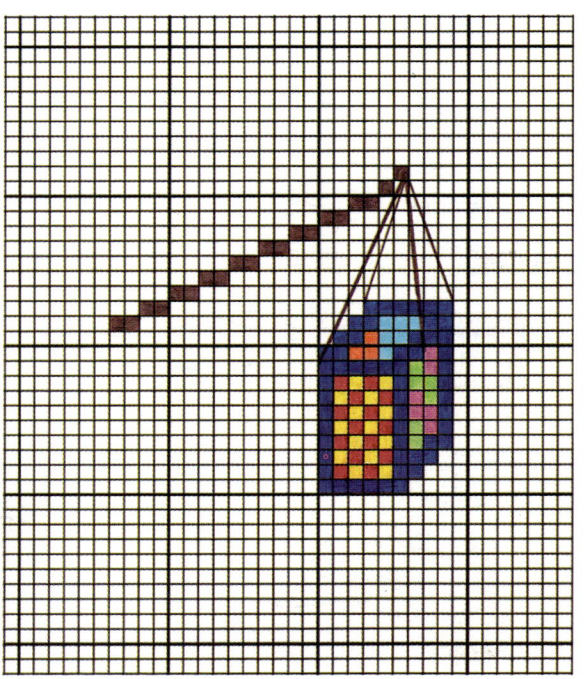

Garnnummern

*(Anchor-*Sticktwist von *Coats Mez):*

- ■ 304
- ■ 47
- ■ 403

Garnnummern

*(Anchor-*Sticktwist von *Coats Mez):*

■ 290		■ 142	
■ 316		■ 1035	
■ 57		■ 877	
■ 47		■ 380	

Garnnummern

*(Anchor-*Sticktwist von *Coats Mez):*

- ■ Gold

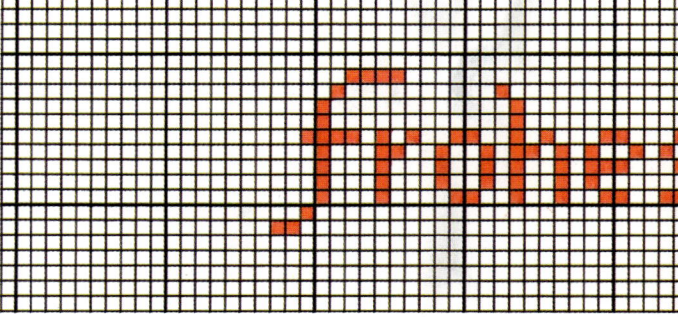

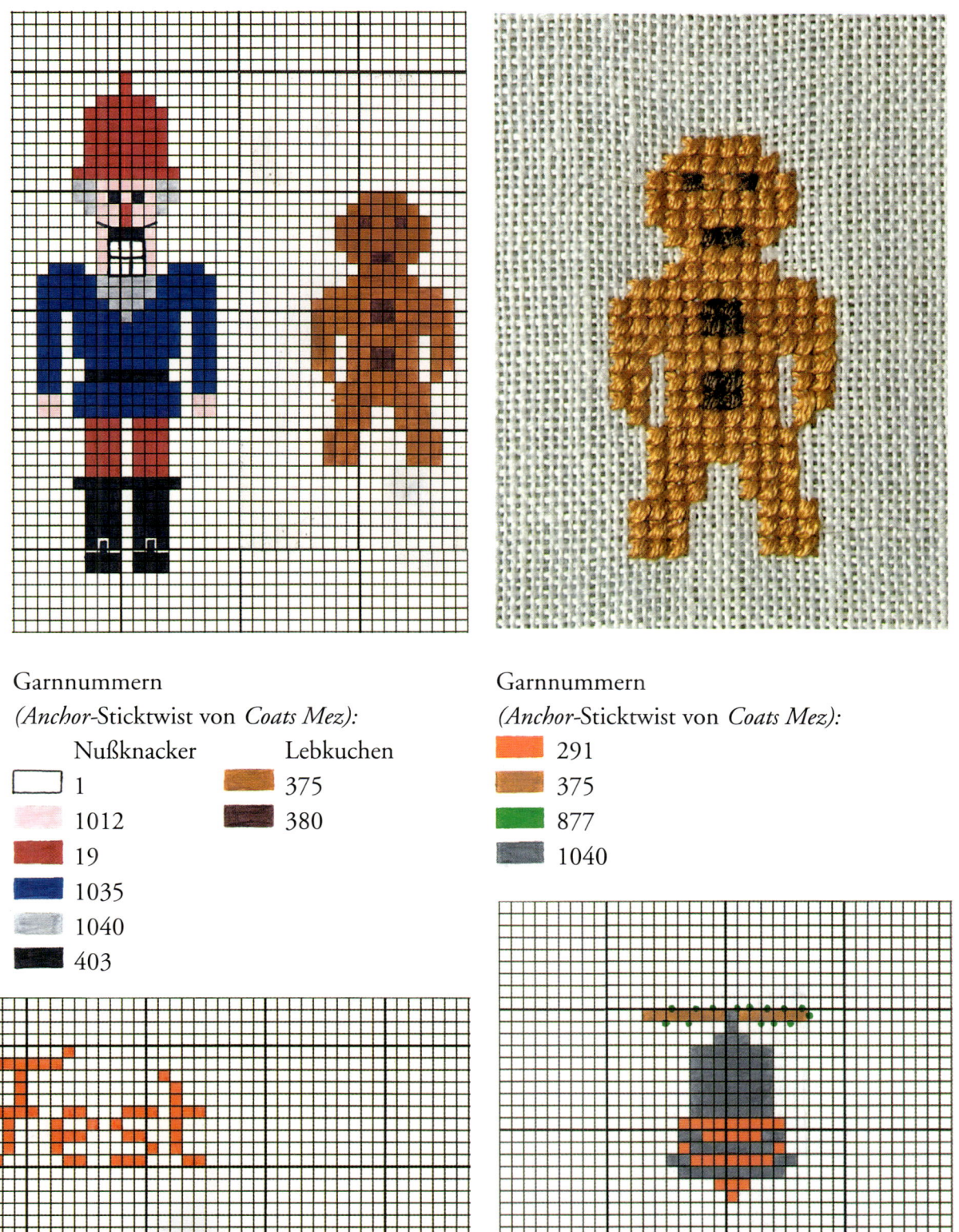

Garnnummern

(Anchor-Sticktwist von Coats Mez):

	Nußknacker		Lebkuchen
⬜	1	🟫 375	
🟪	1012	🟫 380	
🟥	19		
🟦	1035		
⬜	1040		
⬛	403		

Garnnummern

(Anchor-Sticktwist von Coats Mez):

🟧 291
🟫 375
🟩 877
⬜ 1040

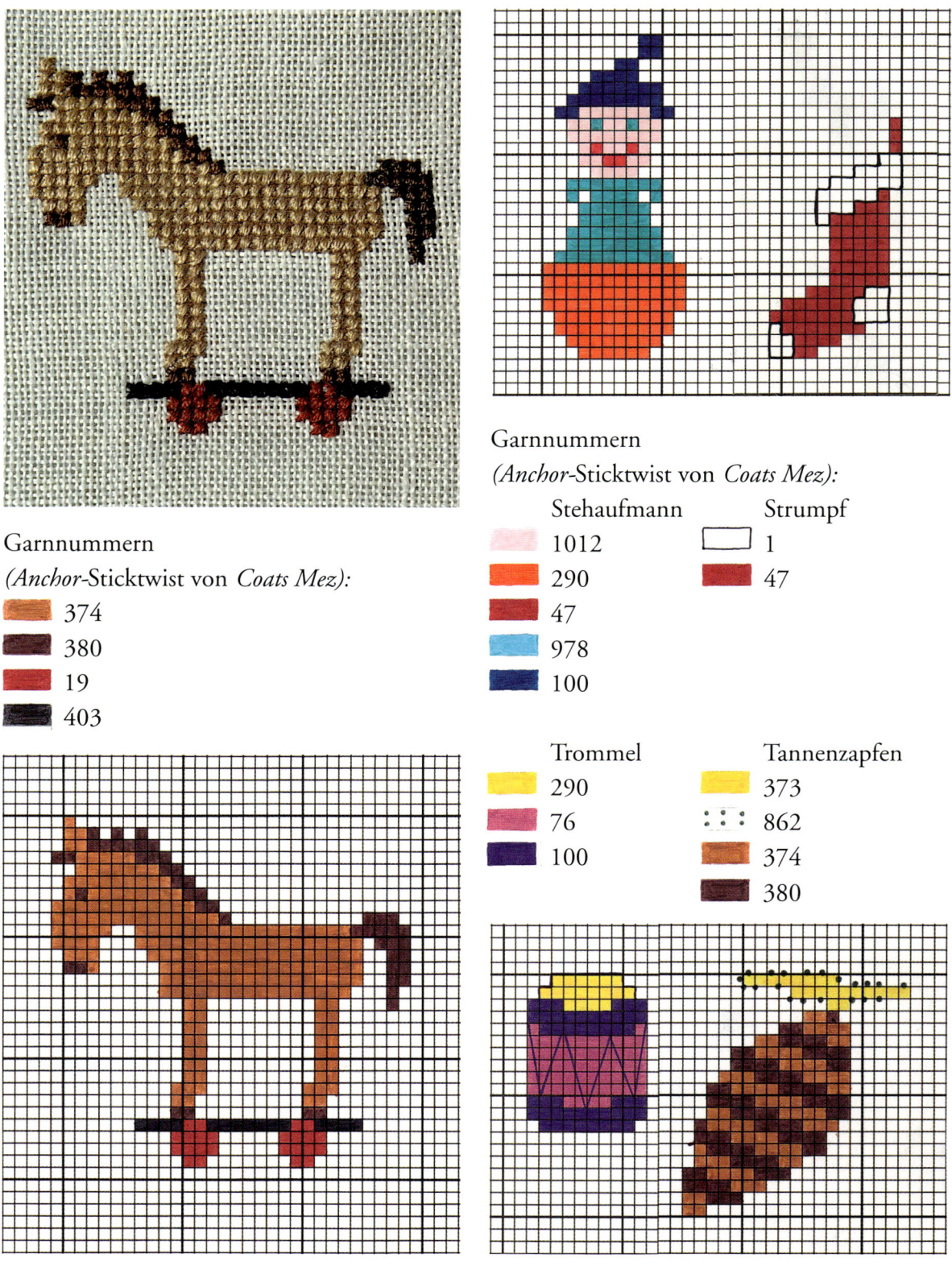

Garnnummern
(Anchor-Sticktwist von Coats Mez):

■ 374
■ 380
■ 19
■ 403

Garnnummern
(Anchor-Sticktwist von Coats Mez):

Stehaufmann		Strumpf	
■ 1012		☐ 1	
■ 290		■ 47	
■ 47			
■ 978			
■ 100			

Trommel		Tannenzapfen	
■ 290		■ 373	
■ 76		⠿ 862	
■ 100		■ 374	
		■ 380	

18

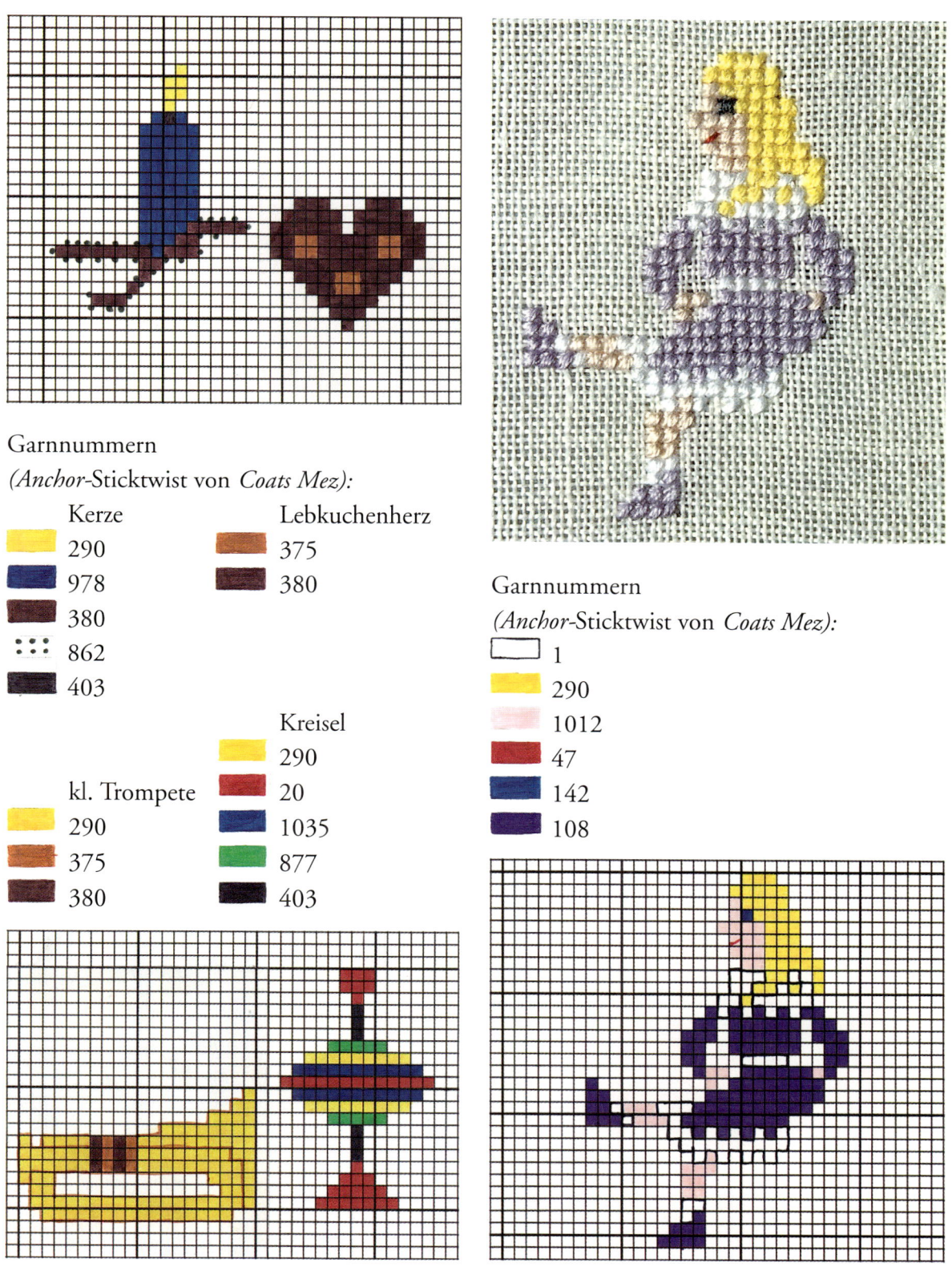

Garnnummern

(Anchor-Sticktwist von Coats Mez):

Kerze		Lebkuchenherz	
🟨	290	🟫	375
🟦	978	🟫	380
🟫	380		
⠿	862		
⬛	403		

		Kreisel	
		🟨	290
kl. Trompete		🟥	20
🟨	290	🟦	1035
🟧	375	🟩	877
🟫	380	⬛	403

Garnnummern

(Anchor-Sticktwist von Coats Mez):

⬜	1
🟨	290
🌸	1012
🟥	47
🟦	142
🟪	108

Tischdecke mit Servietten

Sicher haben Sie schlichte, weiße Tischdecken und Servietten im Schrank. Diese lassen sich mit relativ wenig Aufwand weihnachtlich verzieren.

Verwenden Sie für die Stickarbeit Stramin. Er wird vor Beginn mit groben Heftstichen in der Mitte der Tischdecke fixiert.

Die Stickarbeit sollten Sie mit einer feinen Nadel (mit Spitze) ausführen, um die Gewebefäden nicht zu sprengen. Bei gröberem Gewebe, wie etwa bei der hier gezeigten handgewebten Decke aus Indien, müssen Sie immer diagonal zu den Gewebefäden arbeiten, da die Abstände der einzelnen Schuß- und Kettfäden zu groß sind, und Sie sonst ins Leere sticken.

Die Eckmotive sollten Sie dann auch diagonal sticken. Das Motiv habe ich zweifädig mit feinem Stramin gestickt.

Arbeitszeit:
Stickzeit: großes Motiv 15 Stunden,
kleines Motiv je 3 Stunden

Garnnummern
(*Anchor*-Sticktwist von *Coats Mez*):

289		877
19		875
20		

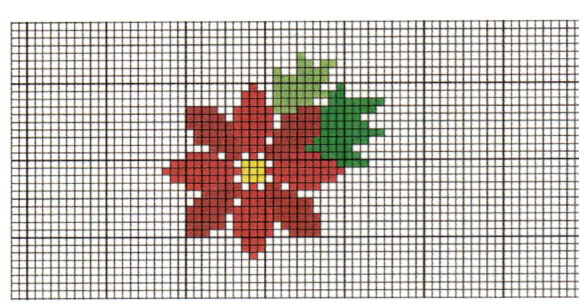

Garnnummern
(*Anchor*-Sticktwist von *Coats Mez*):

290
316
47
20
875
877
683

Tischband

Diese kleinen Stickmotive, die Sie in kürzester Zeit nachgearbeitet haben, könnten während der Adventszeit Ihren Kaffeetisch schmücken, und dann an Heilig Abend das Geschenk eines guten Freundes.

Ich habe hierzu ein fertiges Band aus dem Fachhandel verwendet. Die schmalen Kanten werden rechts auf rechts zur Hälfte zusammengelegt, gesteppt und gewendet, so daß sich einen Spitze ergibt.

Achten Sie beim Kauf des Bandes unbedingt auf die Stichanzahl in der Breite der Borte und die Stichanzahl Ihres Motives.

Das Fachpersonal ist immer sehr hilfsbereit bei der Auswahl des richtigen Bandes.

Arbeitszeit
Stickzeit: pro Kleinmotiv etwa 1/2 Stunde
Nähzeit: für die Bortenabschlüsse 15 Minuten

22

Garnnummern
(Anchor-Sticktwist von Coats Mez):

☐	1	▮ 142
▮	1012	▮ 380
▮	20	

Garnnummern
(Anchor-Sticktwist von Coats Mez):

▮ 877

Für liebe Menschen

Nikolaussack

Für den Beutel habe ich 20 cm braunes Leinen gekauft (das reicht mindestens für zwei Beutel). Das Format können Sie selbst bestimmen.

Bevor Sie mit dem Sticken beginnen, sollten Sie die Stoffränder mit Zick-Zack-Stich versäubern; das Gewebe ist sehr locker und löst sich leicht auf. Sticken Sie dann das Motiv nach der Zählvorlage.

Nach dem Sticken steppen Sie die Teile rechts auf rechts seitlich und unten zusammen und drehen den Beutel um. Jetzt lösen Sie vier der Schußfäden etwa 5 cm vom oberen Rand entfernt vorsichtig heraus, so entsteht ein einfacher Tunnel, durch den Sie später die Kordel ziehen können. Nun müssen Sie nur noch den oberen Rand säumen. Natürlich können Sie auch einen »richtigen« Tunnel für die Kordel nähen oder den Sack einfach mit der Kordel zusammenfassen.

Nun müssen Sie den Nikolaussack nur noch mit Nüssen, Obst und anderen Leckereien füllen.

Arbeitszeit:
Stickzeit: ca. 10 Stunden
Nähzeit: ca. 1/2 Stunde

Garnnummern
(*Anchor*-Sticktwist von *Coats Mez*):

1012		380	
Gold		373	
20		1	
897		1040	

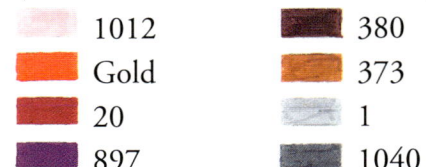

24

25

Samtschuhe mit passender Weste

Die Weste habe ich nach einem sehr einfachen Schnitt selbst genäht; zu den gekauften Schuhen (aus dem Chinaladen) habe ich einen farblich passenden Samtstoff ausgesucht und das Futter in Gold gewählt. Eine schöne Kombination wäre auch Blau mit Silber. Um die Weste sauber besticken und die Fäden vernähen zu können, lassen Sie die seitlichen Nähte des Futters einfach bis zum Schluß offen.

Hier ist Stramin zum Sticken unerläßlich, Sie sollten ihn aber nicht festheften, sondern nur für die Dauer der ersten fünf Stiche festhalten; die sonst entstehenden Heftlöcher können Sie vor allem bei den Schuhen nicht mehr korrigieren. Verwenden Sie für die Weste mittelgroben Stramin, für die Schuhe feinen. Sollten doch unansehnliche Löcher entstehen, so können Sie diese mit »Mikro-

sternchen« in Form von einzelnen Kreuzstichen übersticken.

Wählen Sie zum Besticken der Schuhe am besten eine Nähnadel, für Sticknadeln ist das Futter fast undurchdringlich.

Noch ein Tip zum Umgang mit Samt beim Nähen:

Heften Sie alle Nähte vor dem Nähen. Wenn Ihnen das zuviel Mühe bereitet, dann stecken Sie die Teile zumindest mit Stecknadeln alle zwei Zentimeter zusammen. Der Stoff verzieht sich sonst unter Ihren Augen, ehe Sie sich's versehen.

Arbeitszeit:
Stickzeit: Weste ca. 2 Stunden,
Schuhe ca. 3 Stunden
Nähzeit: ca. 3 Stunden

Garnnummern
(*Anchor*-Sticktwist von *Coats Mez*):
290

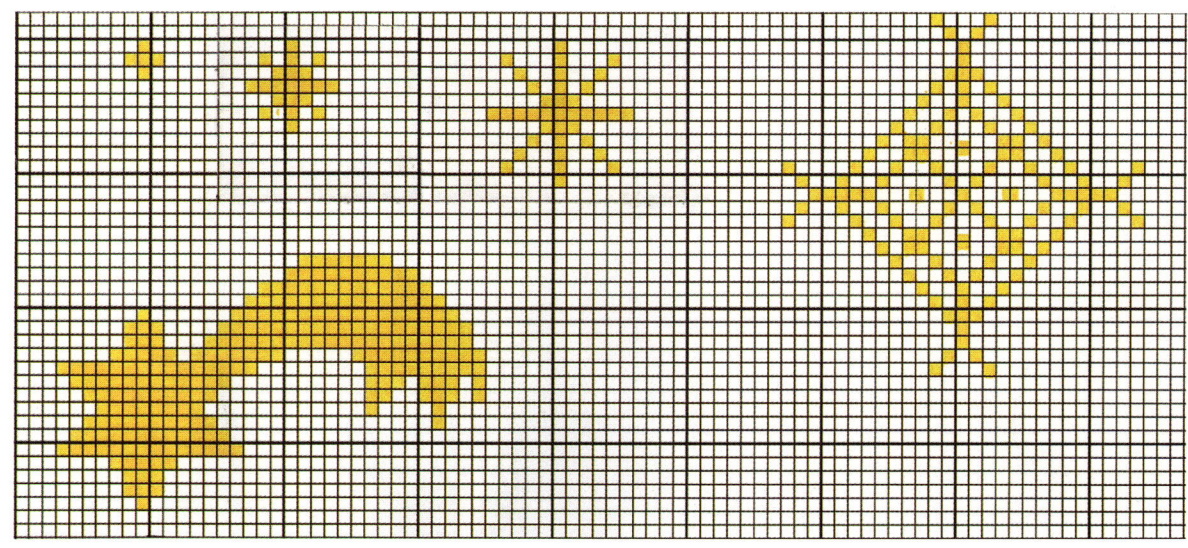

Schal, Mütze und Handschuhe

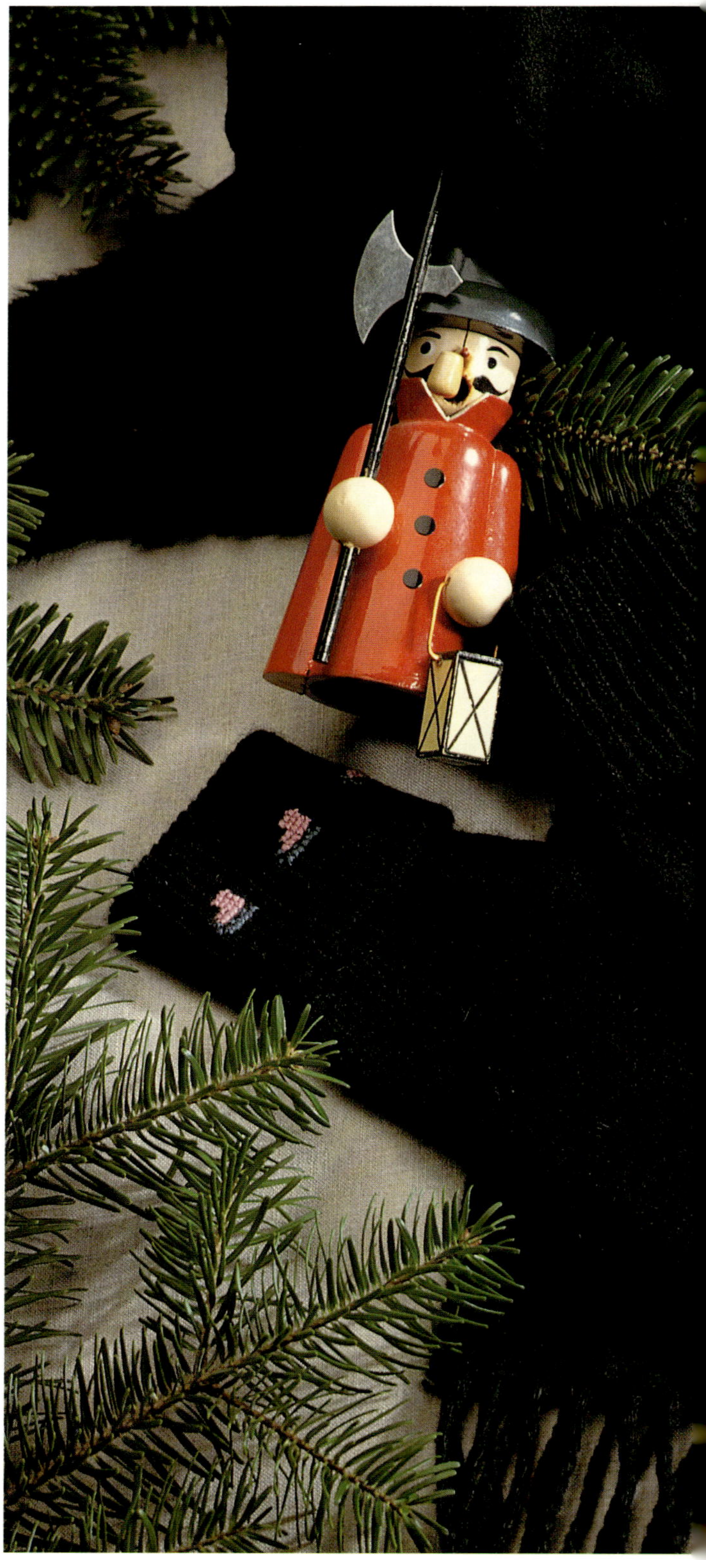

Für diese Winterkombination, die ich einfarbig im Kaufhaus erstanden habe, wählte ich ein Schlittschuhmotiv. Ich könnte mir aber auch einzelne Sterne oder eine Reihe Nikoläuse gut darauf vorstellen.

Zum Sticken benötigen Sie auf jeden Fall Stramin, am besten einen mittelgroben, sonst kann man die Motive kaum erkennen. Die Mütze und den Schal besticken Sie mit einer spitzen Nadel, die Handschuhe mit einer stumpfen. Sollten die Handschuhe zu grob gestrickt sein, müssen Sie sie im Maschenstich besticken.

Arbeitszeit:
Stickzeit: Mütze ca. 2 Stunden,
Schal ca. 4 Stunden,
Handschuhe je 1 Stunde

Garnnummern
*(Anchor-*Sticktwist von *Coats Mez):*

- 76
- 1035
- 403

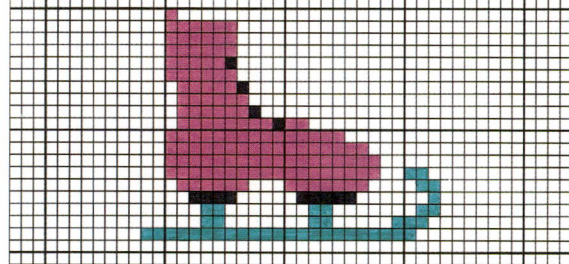

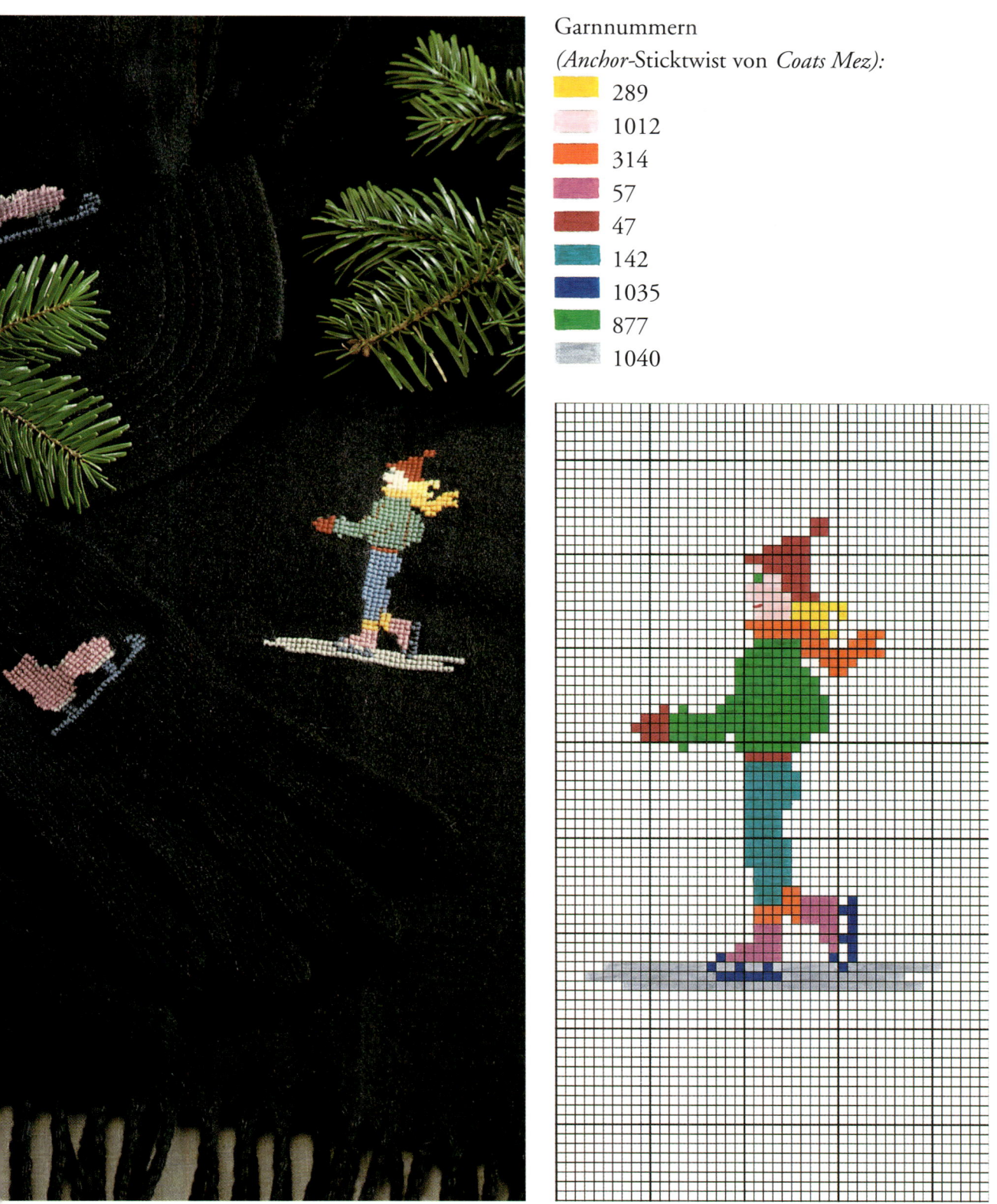

Garnnummern

(Anchor-Sticktwist von Coats Mez):

- 289
- 1012
- 314
- 57
- 47
- 142
- 1035
- 877
- 1040

Geschenkkarton

Sticken Sie das Motiv auf Zählstoff, und kaufen Sie einen in der Größe und Farbe passenden Geschenkkarton im Schreibwarenladen. Ziehen Sie im Kartondeckel einen Kreis mit Bleistift, etwas größer als Ihr Stickmotiv (z.B. mit einem Trinkglas); schneiden Sie dann mit einem Cutter oder Teppichmesser entlang der Linie ein Loch in den Kartondeckel. Der Rand wird meist etwas unsauber, deshalb nehmen Sie eine schmale Häkel- oder Klöppelborte, reihen diese am unteren Rand ein und kleben dann diesen eingereihten Rand von innen rund um das Loch gegen den Kartondeckel.

Die Borte ziehen Sie nun nach außen und legen Ihr Stickmotiv in den Kartondeckel (das Motiv natürlich nach außen). Da der Stoff meist durch die Stickerei etwas verschoben ist, legen Sie etwas Bastelwatte dahinter und decken dann abschließend den Kartondeckel von innen mit einem exakt zugeschnittenen, weißen Stück Karton ab, den Sie an den Ecken mit Klebstoff fixieren.

Arbeitszeit:
Stickzeit: ca. 3 Stunden
Bastelzeit: ca. 1 Stunde

Garnnummern
(Anchor-Sticktwist von Coats Mez):

1012		978	
289		119	
314		373	
47		1	

Garnnummern
(Anchor-Sticktwist von Coats Mez):

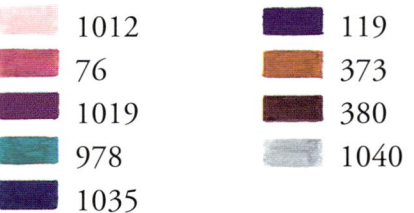

1012		119	
76		373	
1019		380	
978		1040	
1035			

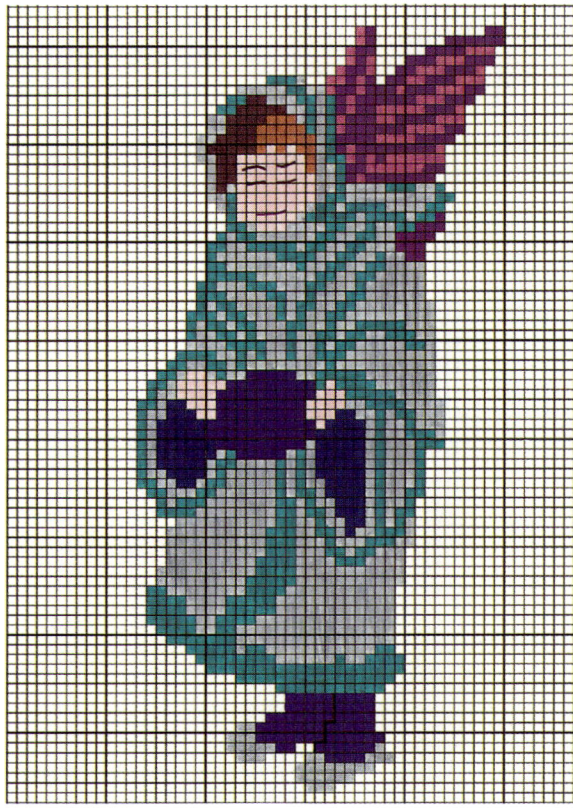

30

Grußkarten

Die Passepartouts für Grußkarten oder Lesezeichen findet man bereits fertig zugeschnitten in Bastelläden. Außer den auf dieser Seite gezeigten Karten finden Sie eine große Karte mit Engelsmotiv auf Seite 30/31.

Sticken Sie das Motiv nach der Mustervorlage auf Zählstoff, und kleben Sie die fertige Stickerei mit einem Bastel- oder Textilkleber auf die hierfür vorgesehene Seite der Karte. Wenn das Motiv danach noch gerahmt werden soll, empfiehlt es sich, einen leicht lösbaren Fotokleber zu verwenden. Für Grußkarten eignen sich auch alle Motive aus dem Adventskalender (Seite 10 ff). Die Vorlagen für die Grußkarten-Motive finden Sie auf den Seiten 19 (Kerze) und 23 (Weihnachtsbaum, Nikolaus).

Arbeitszeit:
Stickzeit: je nach Motiv 30 Minuten
bis 5 Stunden

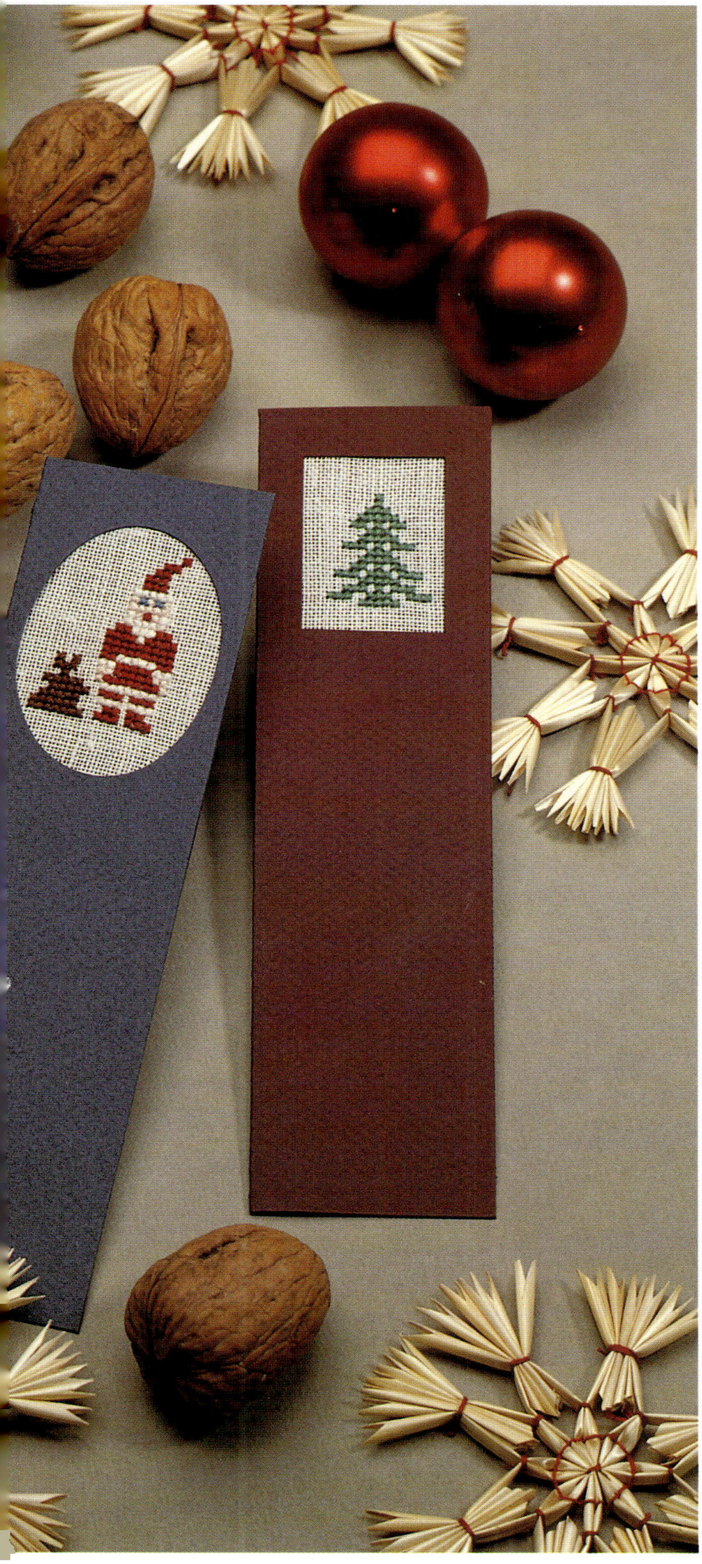

Garnnummern
(Anchor-Sticktwist von Coats Mez):

☐	2
🟥	19
🟩	859
🟩	862
🟧	375
🟪	359

Duftkissen und Duftsäckchen

Die hier gezeigten Stücke sind sehr schnell angefertigt und somit auch noch ein Geschenk in letzter Minute. Verwenden Sie Zählstoff (aus dem Fachhandel).

Bei mit Kräutern und Blüten gefüllten Objekten muß das Werkstück auf jeden Fall gefüttert werden, weil die Zählstoffe locker gewebt sind und die getrockneten Blättchen herausbröseln würden.

Der Beutel wird am oberen Rand gesäumt und dann seitlich und unten rechts auf rechts gesteppt.

Garnnummern
(Anchor-Sticktwist von Coats Mez):

▉	1	⁞	877
▉	Silber	▉	380
▉	47		

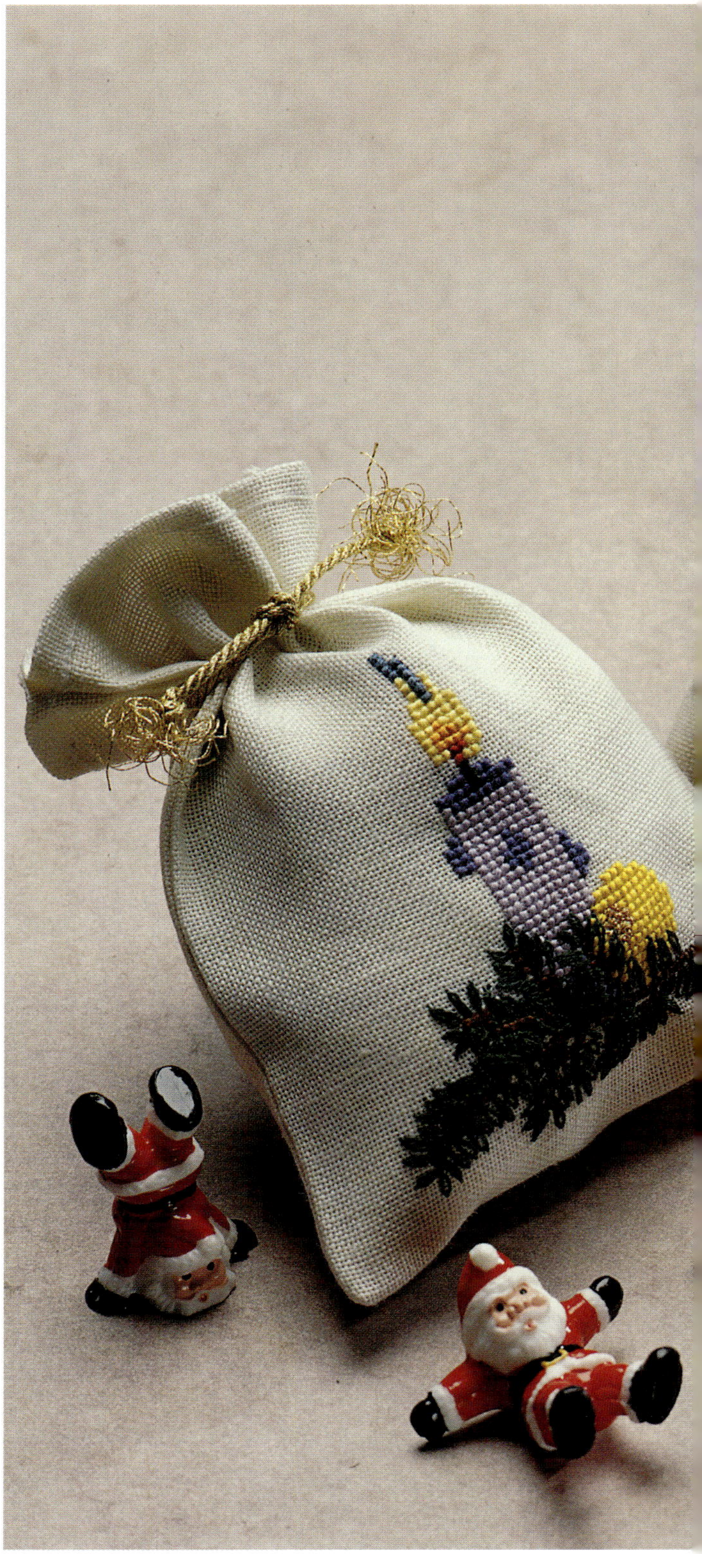

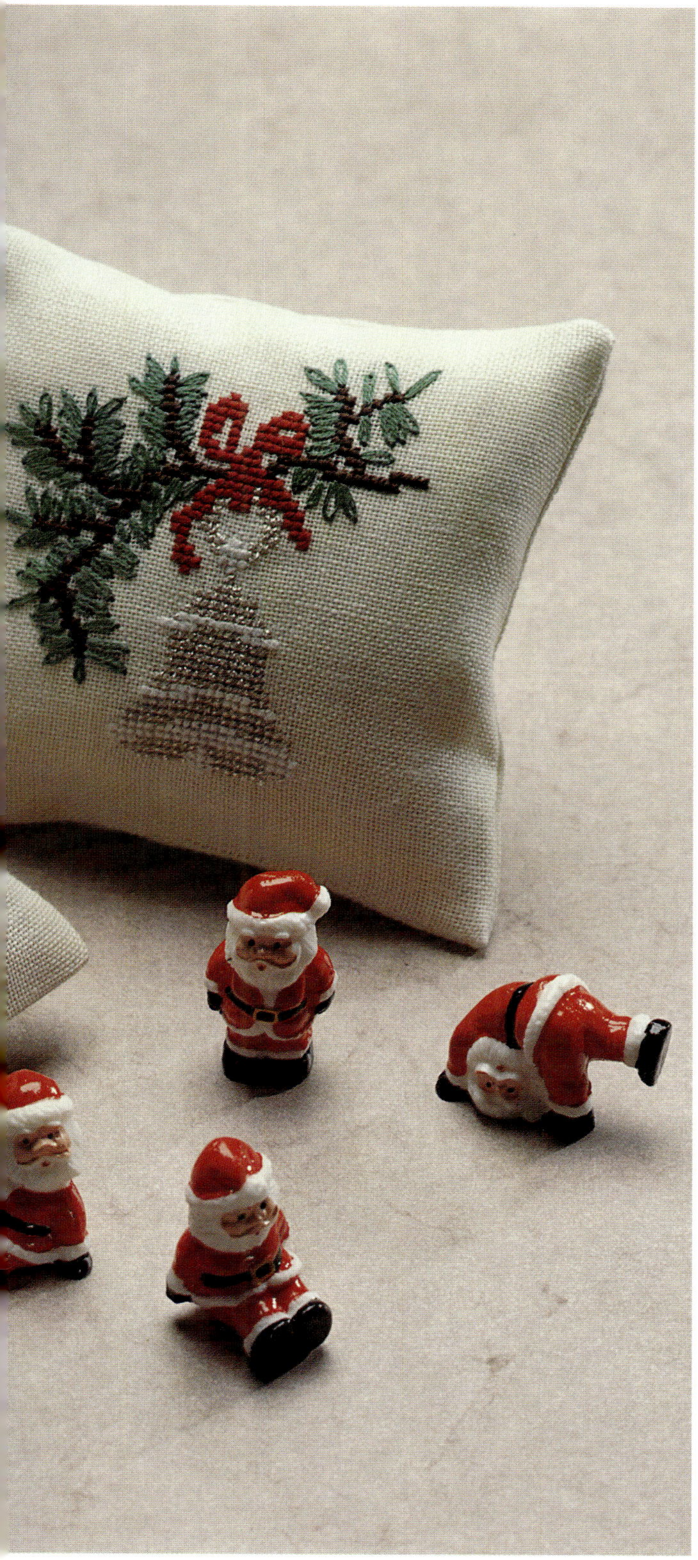

Dann drehen Sie den Beutel um und fassen ihn oben mit einer dicken Kordel in Gold oder Silber zusammen.

Das gefütterte Duftkissen (Zählstoff und Futterstoff gemeinsam im Zick-Zack-Stich versäubern) steppen Sie seitlich und oben. An der unteren Naht arbeiten Sie einen kleinen Reißverschluß ein, damit Sie die Blüten und Kräuter auswechseln können.

Arbeitszeit:
Stickzeit: pro Motiv ca. 2 Stunden
Nähzeit: pro Teil ca. 1/2 Stunde

Garnnummern
(*Anchor*-Sticktwist von *Coats Mez*):

289		290	
303		Gold	
19		∴ 683	
108		359	
119		403	
978			

35

Heilig Abend

Schmuck für den Weihnachtsbaum

Die Baumanhänger habe ich auf zwei verschieden starke Zählstoffe gestickt. Die Musikinstrumente auf etwas feineren, da die Motive sehr groß sind, die Engel auf etwas gröberen Zählstoff, denn sie wären auf feinem kaum zu erkennen. In jedem Fall sollten Sie sie mit feinem Futtertaft füttern, weil sonst die Bastelwatte zwischen den Gewebefäden hervortritt. Nach dem Sticken schneiden Sie den Stoff der Motivform entsprechend zu, geben Sie aber mindestens 3 cm Zugabe um das Motiv herum. Versäubern Sie den Stoff samt Futter.

Beim Zusammennähen der Vorder- und Rückenteile (rechts auf rechts) arbeiten Sie gleich die Anhänger mit ein (einfache, goldfarbene Geschenkkordel aus dem Schreibwarenladen).

Lassen Sie am unteren Rand 4 bis 5 cm der Naht offen, dort wenden Sie das Arbeitsstück, stopfen es gut mit Bastelwatte aus und schließen das kurze Nahtstück mit Hohlstichen.

Arbeitszeit
Stickzeit: pro Motiv ca. 3 Stunden
Nähzeit: pro Motiv ca. 10 Minuten

Garnnummern
(*Anchor*-Sticktwist von *Coats Mez*):

1012		373	
Gold		380	
47		1	

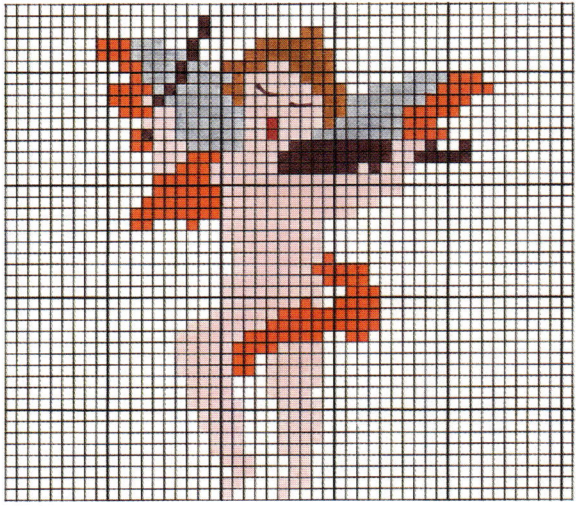

Garnnummern
(*Anchor*-Sticktwist von *Coats Mez*):

1012		373	
290		380	
Gold		1	
470			

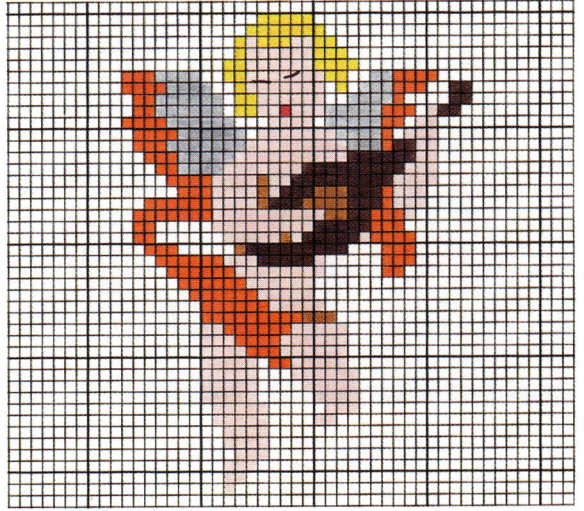

37

Garnnummern
(Anchor-Sticktwist von *Coats Mez):*
- 373
- 375
- 403
- Gold

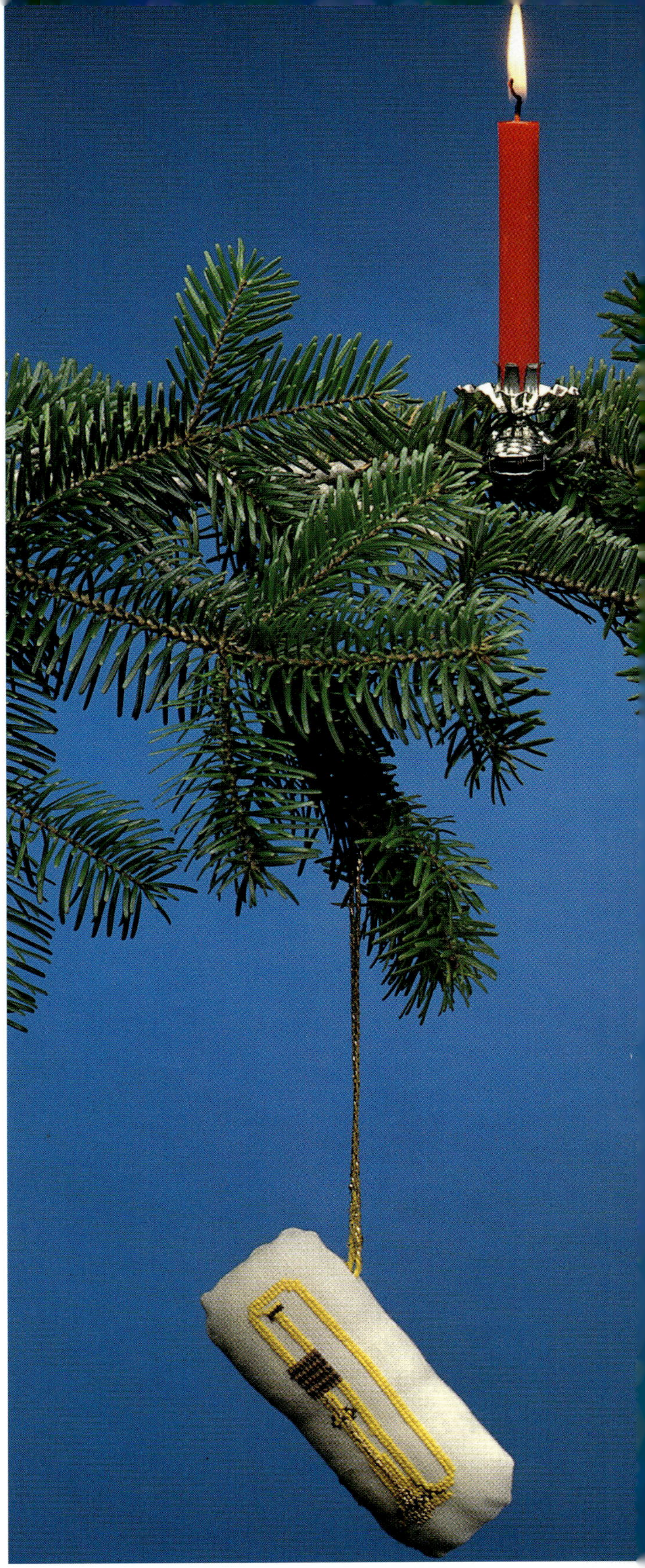

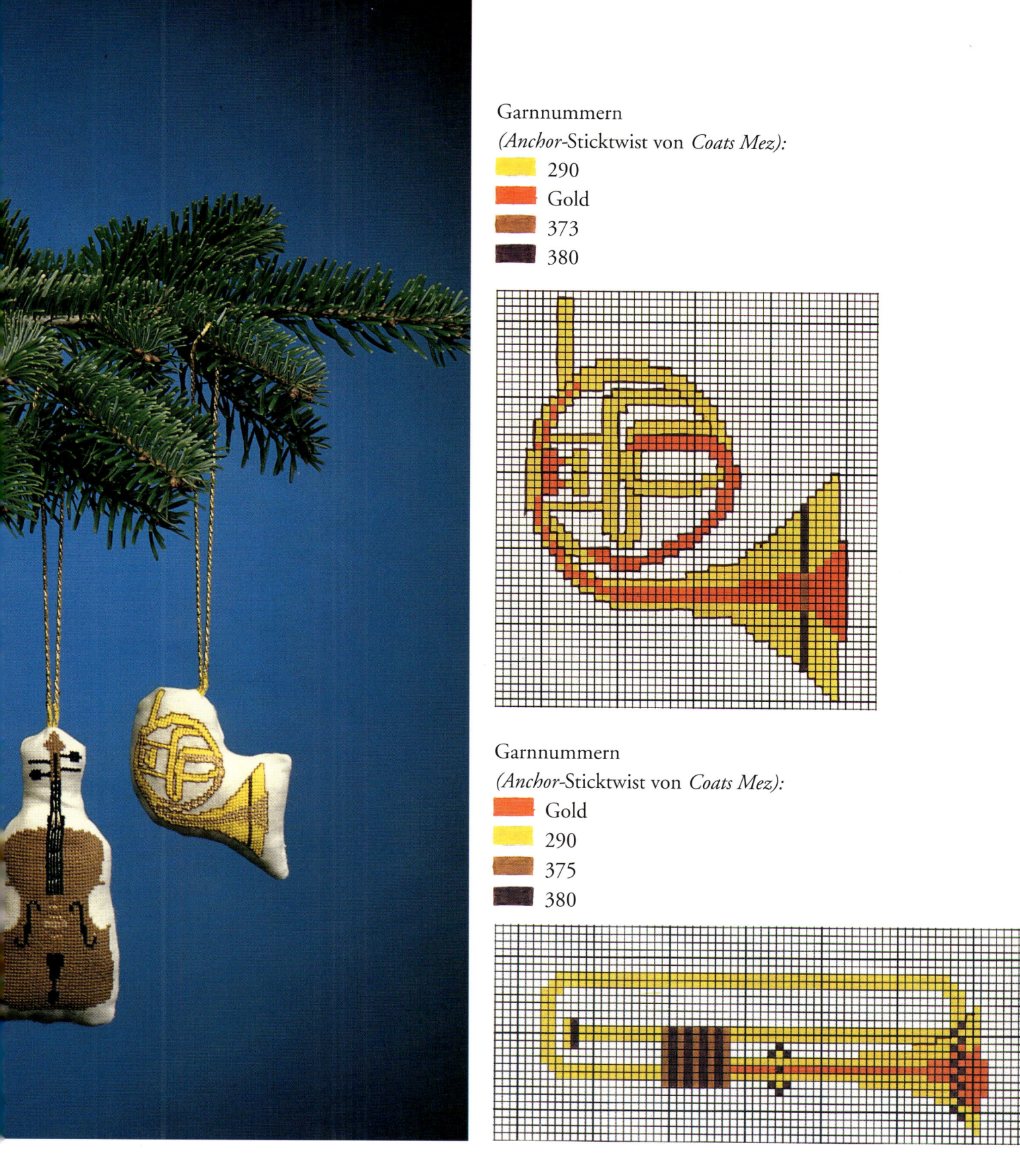

Garnnummern
(Anchor-Sticktwist von Coats Mez):

- 290
- Gold
- 373
- 380

Garnnummern
(Anchor-Sticktwist von Coats Mez):

- Gold
- 290
- 375
- 380

39

Krippe

Material:
Sperrholz (5 mm stark)
in folgenden Zuschnitten:
300 x 200 mm (Dach), 350 x 250 mm
(Bodenplatte), 180 x 150 – 200 mm
(Seitenwände mit Dachschräge, 2 x zusägen);
Farbe zum Bemalen des Stalls;
Holzleim;
Strohhalme zum Bekleben des Dachs
(nach Belieben);
Streugras (Modellbauzubehör);
Stickgrund (Stärke und Maße abhängig von der
gewünschten Figurengröße);
Sticktwist in den angegebenen Farben;
Futtertaft;
Bastelwatte zum Ausstopfen der Figuren

Leimen Sie die Teile für den Stall zusammen, wie auf dem Foto zu sehen, und bemalen Sie den Stall zum Beispiel mit Plaka-Farben. Den Boden streichen Sie dünn mit Holzleim ein und bestreuen ihn mit den Grasfasern. Wenn der Leim trocken ist, können Sie überschüssiges Material abschütteln und wieder in die Packung zurückgeben.

Die Figuren sticken Sie nach der Zählvorlage, schneiden sie entsprechend ihrer Form mit jeweils mindestens 2 cm Zugabe rund ums Motiv zu und füttern die Teile ab. Die gefütterten Teile legen Sie aufeinander, nähen sie bis auf eine kleine Öffnung zum Wenden zusammen, wenden sie und stopfen sie mit Bastelwatte aus. Die Öffnung schließen Sie mit einigen Hohlstichen.

Aufstellen können Sie die Figuren, indem Sie am unteren Ende von hinten zwei Stecknadeln waagerecht so in den Stoff stecken, daß die Figur sich »dagegenlehnen« kann. Wenn Sie Kinder haben, sollten Sie auf die Stecknadeln verzichten und die Krippenfiguren mit einigen Stichen auf ein Stück Karton nähen, das dann als »Fuß« dient.

Die Krippe für das Christkind kaufen Sie entweder fertig auf dem Weihnachtsmarkt oder schieben zwei Rechtecke aus Wellpappe ineinander (siehe Foto) und bemalen diese Krippe mit Plaka-Farbe.

Zum Schluß dekorieren Sie Ihre Krippe nach Belieben mit Strohbüscheln und Moosbällchen (Modellbahnzubehör) und beleuchten sie von hinten mit einem Teelicht.

Arbeitszeit:
Stickzeit: pro Figur etwa 2 Stunden
Nähzeit: pro Figur etwa 10 Minuten
Bastelzeit: ca. 2 Stunden

41

Garnnummern

(*Anchor*-Sticktwist von *Coats Mez*):

Garnnummern

(*Anchor*-Sticktwist von *Coats Mez*):

▨ 1012		▢ 2		▨ 1012
▨ 978		▨ 1012		▨ 20
▨ 862		▨ 76		▨ 862
▨ 373		▨ 978		▨ 1040
▨ 375		▨ 1035		▨ 375
▨ 380				▨ 380
▨ 400				▨ 400

Garnnummern
*(Anchor-*Sticktwist von *Coats Mez)*:

2
1012
290
Gold
20
978
1035

Garnnummern
*(Anchor-*Sticktwist von *Coats Mez)*:

373
340
1040
403

Garnnummern
*(Anchor-*Sticktwist von *Coats Mez)*:

76
1040
400
403

Garnnummern
*(Anchor-*Sticktwist von *Coats Mez)*:

373
380
403

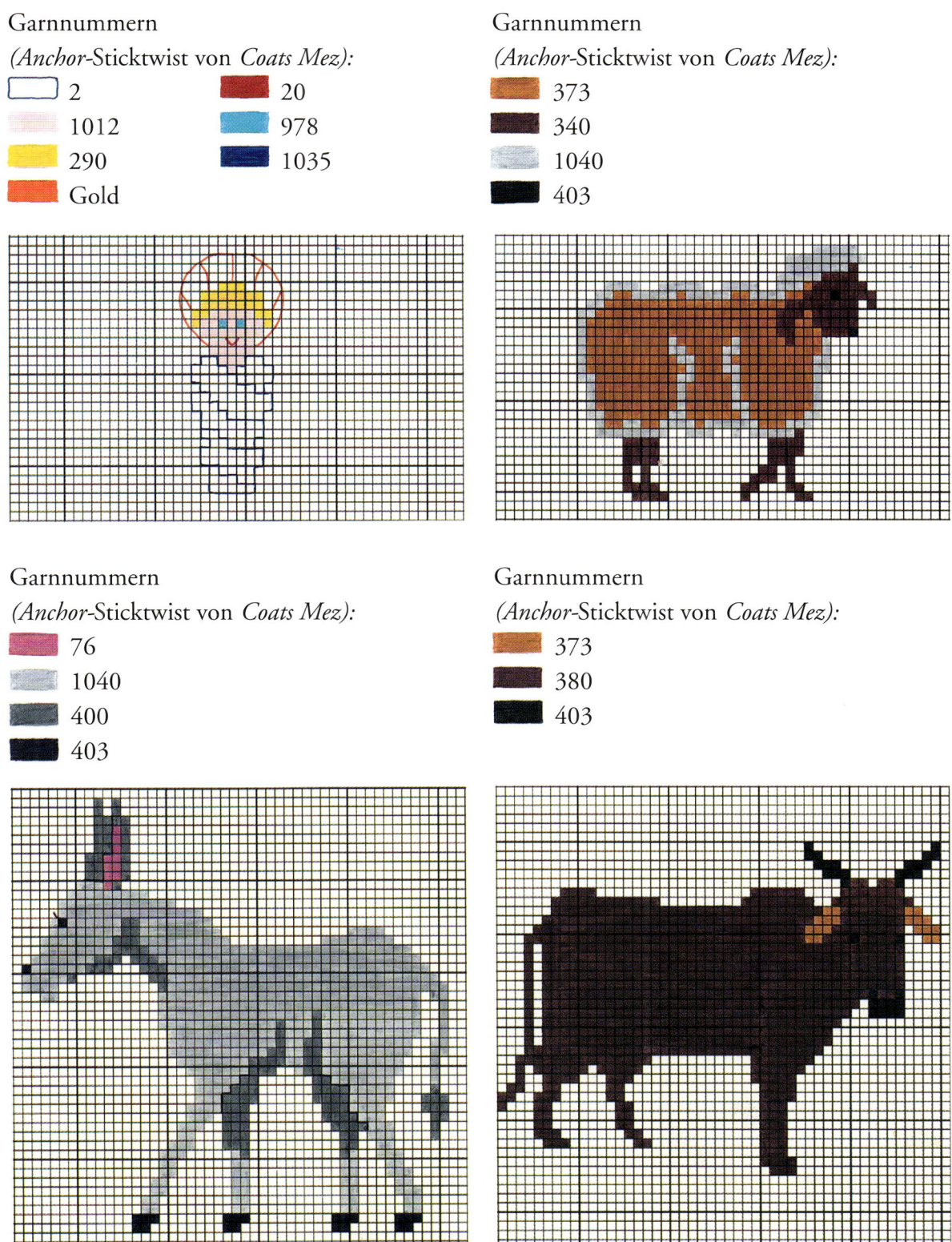

43

Nußbeutel

Der Nußbeutel macht Ihre Gabentische für die Familienmitglieder komplett. Der Beutel aus rotem Leinen wird gearbeitet wie der Nikolaussack (siehe Seite 24/25). Achten Sie auch hier wieder darauf, daß Sie vor Stickbeginn alle Schnittkanten versäubern.

Arbeitszeit:
Stickzeit: ca. 6 Stunden
Nähzeit: ca. 1/2 Stunde

Garnnummern
(*Anchor*-Sticktwist von *Coats Mez*):

⬜	1
	1012
🟧	Gold
🟥	20
🟥	897
🟦	1035
🟫	359
⬜	399
⬛	403

45

Stickbild
»Flucht nach Ägypten«

Arbeitszeit:
Stickzeit: ca. 9 Stunden
Rahmen: ca. 1/2 Stunde

Der dunkle Stickgrund (20 cm blaues Leinen) erspart Ihnen viel Stickarbeit am Hintergrund.

Die Stoffränder werden vor dem Arbeiten wieder versäubert. Nach dem Sticken ziehen Sie den Stoff auf dünnem Schaumstoff über einen Karton oder eine passend zugeschnittene Spanplatte, spannen ihn und kleben ihn auf der Rückseite fest und befestigen das Ganze mit kleinen Nägeln oder Klebeband in dem Rahmen.

Garnnummern
(Anchor-Sticktwist von Coats Mez):

1012		373
1		375
57		380
142		1040
100		403
877		

46

47

Fotografie: Klaus Lipa, Augsburg
Lektorat: Helene Weinold
Umschlaggestaltung: Christa Manner, München
Layout: Anton Walter, Gundelfingen
AUGUSTUS VERLAG AUGSBURG 1994
© Weltbild Verlag GmbH, Augsburg
Satz: Gesetzt aus 12 Punkt Adobe Garamond
in Quark-X-Press von
Walter Werbegrafik, Gundelfingen
Reproduktion:
Druck und Bindung: Himmer, Augsburg
Gedruckt auf 120 g umweltfreundlich elementar chlorfrei
gebleichtes Papier.
ISBN 3-8043-00301-3
Printed in Germany